CIENCIA
ASOMBROSA

Giran en el espacio

Un libro sobre los planetas

por Dana Meachen Rau   ilustrado por Denise Shea   Traducción: Sol Robledo

Agradecemos a nuestros asesores por su pericia, investigación y asesoramiento:

Dr. Stanley P. Jones, Director Adjunto
NASA-sponsored Classroom of the Future Program

Susan Kesselring, M.A., Alfabetizadora
Rosemount-Apple Valley-Eagan (Minnesota) School District

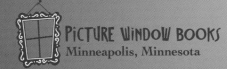

PICTURE WINDOW BOOKS
Minneapolis, Minnesota

Dirección editorial: Carol Jones
Dirección ejecutiva: Catherine Neitge
Dirección creativa: Keith Griffin
Redacción: Christianne Jones
Asesoría de narración: Terry Flaherty
Diseño: Joe Anderson
Composición: Picture Window Books
Las ilustraciones de este libro se crearon con medios digitales.
Traducción y composición: Spanish Educational Publishing, Ltd.
Coordinación de la edición en español: Jennifer Gillis/Haw River Editorial

Picture Window Books
5115 Excelsior Boulevard
Suite 232
Minneapolis, MN 55416
877-845-8392
www.picturewindowbooks.com

Impreso en los Estados Unidos de América.

Library of Congress Cataloging-in-Publication Data
Rau, Dana Meachen, 1971-
[Spinning in space. Spanish]
Giran en el espacio : un libro sobre los planetas / por Dana Meachen Rau ; ilustrado
por Denise Shea ; traducción Sol Robledo.
p. cm. — (Ciencia asombrosa)
Includes bibliographical references and index.
ISBN-13: 978-1-4048-3231-2 (library binding)
ISBN-10: 1-4048-3231-9 (library binding)
ISBN-13: 978-1-4048-2515-4 (paperback)
ISBN-10: 1-4048-2515-0 (paperback)
1. Planets—Juvenile literature. 2. Solar system—Juvenile literature.
I. Shea, Denise, ill. II. Title.

QB602.R3818 2007
523.4—dc22   2006027140

Contenido

Viaje por el espacio

¿Has viajado por el espacio? Tal vez creas que no, pero estás viajando en este momento. La Tierra es como una nave espacial grande y redonda. Te pasea por el espacio todos los días. La Tierra es uno de los ocho planetas.

DATO CURIOSO

Los ocho planetas son Mercurio, Venus, Tierra, Marte, Júpiter, Saturno, Urano y Neptuno.

Urano

El movimiento de los planetas

Los ocho planetas giran alrededor del Sol. Recorren
un camino que se llama órbita. Unos viajan rápidamente,
otros lentamente. El Sol y los ocho planetas forman
nuestro sistema solar.

Saturno

Neptuno

Sol

Mercurio

Venus

Marte

Tierra

Júpiter

DATO CURIOSO

La órbita de los planetas es elíptica.
Eso significa que tiene forma ovalada.
Algunas veces un planeta está más
cerca del Sol que otras.

Planetas rocosos o gigantes de gas

Hay dos tipos de planetas: los planetas rocosos y los gigantes de gas.

Los planetas rocosos están formados principalmente por rocas. Tienen el suelo muy duro y están más cerca del Sol.

Los gigantes de gas están formados por gas. No tienen el suelo duro. Son más grandes que los planetas rocosos y están más lejos del Sol.

DATO CURIOSO
Los planetas rocosos son Mercurio, Venus, Tierra y Marte. Los gigantes de gas son Júpiter, Saturno, Urano y Neptuno.

9

Venus

10

Mercurio y Venus

Venus es muy nublado. Las nubes que rodean a Venus son muy densas y están formadas por gases venenosos. No podemos ver su suelo.

Mercurio parece que está cubierto de puntos. Los puntos en realidad son cráteres. Los cráteres son hoyos que se formaron al estrellarse rocas.

DATO CURIOSO

Mercurio es el planeta más cercano al Sol. El lado del planeta que está volteado hacia el Sol es muy caliente. El otro lado es oscuro y frío.

Mercurio

Nuestra Luna

Tierra

DATO CURIOSO
Las seres humanos aún no viajamos
a otros planetas. Pero sí hemos
visitado la Luna.

Marte

La Tierra y Marte

La Tierra se ve como una pelota verde y azul desde el espacio. Es el único planeta en el que se sabe que hay vida. En ninguna otra parte de nuestro sistema solar se han encontrado plantas, personas ni animales.

Marte parece una pelota roja. Tiene el suelo seco y rojo. Algunas personas creen que en Marte hubo agua hace mucho tiempo.

Saturno y Júpiter

Saturno tiene cientos de anillos alrededor del centro. Los anillos están formados por hielo y roca. Otros planetas también tienen anillos, pero los de Saturno son los más brillantes.

Júpiter es el planeta más grande. ¡Es más de mil veces más grande que la Tierra! Júpiter también es el planeta más colorido. Sus nubes crean rayas brillantes a lo ancho del planeta.

Saturno

DATO CURIOSO

Júpiter tiene una mancha grande que es más grande que dos Tierras juntas. Esa mancha es una tormenta. Ha estado en Júpiter por más de 300 años.

Júpiter

Neptuno

DATO CURIOSO
Urano y Neptuno tienen anillos.

Urano

Urano y Neptuno

Urano y Neptuno se parecen mucho. Los dos son grandes y azules.

Urano tiene más de 20 lunas a su alrededor. Cinco son grandes y el resto son pequeñas.

Neptuno es muy tormentoso y tiene los vientos más fuertes de todos los planetas. ¡Una tormenta de Neptuno tuvo vientos de 1,200 millas por hora (1,900 kilómetros)!

Los planetas enanos

Por mucho tiempo se pensó que Plutón era el noveno planeta de nuestro sistema solar. Ahora se le llama un planeta enano, junto con Ceres, Eris y posiblemente otros. Los planetas enanos son más pequeños que los otros planetas. A veces otros objetos del espacio cruzan la órbita de los planetas enanos.

DATO CURIOSO

Plutón está formado principalmente por hielo.
Plutón es muy frío todo el tiempo porque está
lejos del Sol.

Plutón

El estudio del espacio

El espacio siempre nos ha despertado la
curiosidad. ¿Cuántos más planetas habrá?
¿Cómo se formaron? ¿Hay vida en otros
planetas?

Los científicos seguirán estudiando y
conociendo más los planetas. Estudiarán cómo
viajan por el vasto mundo del espacio exterior.

Recuerda los planetas

Materiales:

* 16 trozos de papel cartón en cuadrados
* plumones o colores
* un amigo o amiga

Pasos:

1. Toma ocho cuadrados de papel. Serán las tarjetas de los planetas. Dibuja cada planeta y escribe su nombre arriba o abajo del dibujo.

2. Los otros ocho cuadrados serán las tarjetas de datos. Escribe dos cosas que sepas sobre cada planeta en cada tarjeta. No escribas el nombre del planeta. Por ejemplo, en la tarjeta de Mercurio puedes escribir:
   Tiene muchos cráteres.
   Es el planeta más cercano al Sol.

3. Cuando hayas preparado todas las tarjetas de datos, mézclalas con los dibujos de los planetas.

4. Ponlas sobre la mesa boca abajo en hileras.

5. El propósito del juego es buscar la pareja del dibujo. El primer jugador voltea dos tarjetas. Si el dibujo y los datos son del mismo planeta, se queda con las tarjetas y repite el paso. Si no, pone las tarjetas otra vez en la mesa boca abajo y le toca el turno al otro jugador.

6. Jueguen por turnos hasta que todas las tarjetas tengan pareja. El jugador que tenga más tarjetas gana.

Sobre los planetas

Muy, muy lejos

El planeta enano Eris es el objeto más distante del sistema solar. Está a casi 9 mil millones de millas (14,484,096,000 km) del Sol.

Rápido y lento

El recorrido de algunos planetas alrededor del Sol es corto. Otros tienen un recorrido largo. A Mercurio sólo le toma 88 días darle la vuelta al Sol. A la tierra le toma 365 días hacerlo. ¡A Neptuno le toma 165 años!

Todos son diferentes

Todos los planetas, a excepción de Mercurio y Venus, tienen lunas. La Tierra tiene una. Otros planetas tienen muchas. ¡Sabemos que Saturno tiene más de 30!

Gira y gira

Los planetas viajan alrededor del Sol. Pero también giran sobre sí mismos como los trompos. Urano lo hace de forma distinta. Está inclinado y gira de lado, como una pelota que rueda sobre el piso.

Todos juntos

El Sol tiene una gravedad muy fuerte. La gravedad es la fuerza que mantiene a los planetas cerca del Sol. Amarra un cordel a una pelota. Sostén el cordel y da vueltas. Tú eres como el Sol y la pelota es como los planetas. El cordel es como la gravedad.

Glosario

cráter—hoyo que forman las rocas al estrellarse

elíptico—de forma ovalada

órbita—camino ovalado que recorre un planeta

planetas—objetos grandes del espacio que giran alrededor de una estrella

sistema solar—nuestro Sol y los planetas que viajan a su alrededor

Aprende más

En la biblioteca

Fowler, Alan. *Los planetas del Sol.* Nueva York: Children's Press, 1993.

Ryback, Carol. *Los planetas.* Milwaukee, WI: Gareth Stevens, 2005.

Tafuri, Nancy. *¿Qué ve el Sol? ¿Qué ve la Luna?* Nueva York: Scholastic, 1999.

En la red

FactHound ofrece un medio divertido y confiable de buscar portales de la red relacionados con este libro. Nuestros expertos investigan todos los portales que listamos en FactHound.

1. Visite *www.facthound.com*

2. Escriba una palabra relacionada con este libro o escriba este código: 1404811389

3. Oprima el botón FETCH IT.

¡FactHound, su buscador de confianza, le dará una lista de los mejores portales!

Índice

Busca más libros de la serie Ciencia asombrosa:

Altas y bajas, blancas y grises: Un libro sobre las nubes

Caliente y brillante: Un libro sobre el Sol

Luz de noche: Un libro sobre la Luna

Puntos de luz: Un libro sobre las estrellas

Sobras del espacio: Un libro sobre cometas, asteroides y meteoroides